Death In November: Short Stories for French Language Learners

Artici Bilingual Books

Published by Artici Bilingual Books, 2024.

While every precaution has been taken in the preparation of this book, the publisher assumes no responsibility for errors or omissions, or for damages resulting from the use of the information contained herein.

DEATH IN NOVEMBER: SHORT STORIES FOR FRENCH LANGUAGE LEARNERS

First edition. March 21, 2024.

ISBN: 979-8224048106

Written by Artici Bilingual Books.

Table of Contents

Demain

Demain, c'est toujours une promesse. Une lueur d'espoir dans l'obscurité de la nuit, une chance de recommencer, de tout changer. Mais pour Marie, demain était une chimère lointaine, un mirage insaisissable qui se dérobait à chaque fois qu'elle tentait de le saisir.

Marie vivait dans un petit appartement au cœur de la ville, où les rues résonnaient de l'agitation constante et où les lumières artificielles éclairaient la nuit noire. Elle avait passé des années à rêver de demain, à imaginer une vie meilleure, mais chaque jour semblait apporter son lot de déceptions et de désillusions.

Elle se réveillait chaque matin avec le poids de ses soucis sur les épaules, une montagne invisible qui l'empêchait de respirer. Son travail monotone dans un bureau gris semblait aspirer toute son énergie, la laissant vide et désillusionnée.

Pourtant, malgré tout, Marie continuait à croire en demain. Elle se raccrochait à l'idée qu'un jour, les choses allaient changer, que le soleil finirait par percer à travers les nuages sombres de sa vie.

Un jour, alors qu'elle se rendait au travail, Marie rencontra un étranger dans le métro. Il avait des yeux comme des éclats d'azur, brillants et captivants, qui semblaient lire au plus profond de son âme. Il lui sourit timidement, un sourire timide mais chaleureux qui fit fondre le cœur de Marie.

Ils se mirent à parler, échangeant des banalités au début, puis des confidences plus intimes. Marie découvrit que l'étranger s'appelait Luc et qu'il était un artiste en quête d'inspiration. Il lui parla de ses voyages à travers le monde, de ses expériences enrichissantes, de sa vision de la vie.

Marie était captivée par ses mots, par la passion qui brillait dans ses yeux. Pour la première fois depuis des années, elle sentit un frisson d'excitation parcourir son corps, comme si une nouvelle porte s'ouvrait devant elle.

Luc lui proposa de se retrouver le lendemain pour prendre un café, une invitation qui la remplit d'espoir. Pour la première fois depuis longtemps, Marie se sentit vivante, comme si demain était enfin à sa portée.

Le lendemain, elle se rendit au café avec un battement de cœur fébrile, l'esprit rempli de questions et d'anticipation. Elle trouva Luc assis à une table, un sourire radieux illuminant son visage.

Ils passèrent des heures à discuter, à rire, à se découvrir l'un l'autre. Marie se sentait bien avec Luc, comme si elle avait enfin trouvé quelqu'un qui comprenait ses rêves et ses aspirations les plus profondes.

Mais alors que la journée touchait à sa fin, une ombre de doute s'immisça dans l'esprit de Marie. Elle savait que le lendemain, elle devrait retourner à sa vie monotone, à sa routine sans fin. Et si cette rencontre avec Luc n'était qu'une illusion passagère, un éclat de lumière dans les ténèbres de sa réalité ?

Elle se sépara de Luc avec un serrement au cœur, se promettant de ne pas laisser la peur la retenir prisonnière de ses propres doutes. Elle voulait croire en demain, en cette chance de bonheur qui semblait enfin à sa portée.

Les jours qui suivirent furent empreints d'une nouvelle légèreté pour Marie. Elle se surprit à sourire plus souvent, à voir le monde avec des yeux emplis d'émerveillement. Même son travail semblait moins oppressant, moins écrasant, comme si une nouvelle énergie circulait en elle.

Elle revit Luc plusieurs fois, chaque rencontre renforçant leur connexion, leur complicité. Ils se promenaient dans les rues de la ville, main dans la main, partageant des rêves et des espoirs pour l'avenir.

Mais malgré la joie que lui procurait la présence de Luc, une part de Marie restait hantée par l'incertitude. Elle savait que leur histoire était fragile, que demain était toujours rempli d'incertitude.

Un soir, alors qu'ils étaient assis sur un banc dans un parc tranquille, Marie se confia à Luc sur ses peurs les plus profondes. Elle lui parla de sa lutte quotidienne contre le poids de son passé, de ses doutes sur l'avenir.

Luc l'écouta en silence, son regard empli de tendresse et de compréhension. Il lui prit la main et lui assura que peu importe ce que demain leur réservait, il serait là pour elle, prêt à affronter les défis à ses côtés.

C'est alors que Marie comprit que demain n'était pas seulement une promesse lointaine, mais une réalité à construire jour après jour. Avec Luc à ses côtés, elle avait enfin trouvé la force de regarder vers l'avenir avec confiance et espoir.

Et alors que le soleil se couchait à l'horizon, illuminant le ciel d'une lueur dorée, Marie sut que peu importe ce que demain leur réservait, ils étaient prêts à le affronter ensemble, main dans la main, unis par un amour plus fort que toutes les incertitudes de la vie.

Tomorrow

Tomorrow is always a promise. A glimmer of hope in the darkness of the night, a chance to start over, to change everything. But for Marie, tomorrow was a distant chimera, an elusive mirage that slipped away every time she tried to grasp it.

Marie lived in a small apartment in the heart of the city, where the streets echoed with constant hustle and bustle, and artificial lights illuminated the dark night. She had spent years dreaming of tomorrow, imagining a better life, but each day seemed to bring its share of disappointments and disillusionments.

She woke up every morning with the weight of her worries on her shoulders, an invisible mountain that suffocated her. Her monotonous job in a gray office seemed to drain all her energy, leaving her empty and disillusioned.

Yet, despite it all, Marie continued to believe in tomorrow. She clung to the idea that one day, things would change, that the sun would eventually break through the dark clouds of her life.

One day, as she was commuting to work, Marie met a stranger on the subway. He had eyes like shards of azure, bright and captivating, that seemed to read deep into her soul. He smiled at her shyly, a timid but warm smile that melted Marie's heart.

They struck up a conversation, exchanging pleasantries at first, then more intimate confessions. Marie discovered that the stranger's name was Luc and that he was an artist in search of inspiration. He told her about his travels around the world, his enriching experiences, his vision of life.

Marie was captivated by his words, by the passion that shone in his eyes. For the first time in years, she felt a thrill of excitement course through her body, as if a new door were opening before her.

Luc suggested they meet again the next day for coffee, an invitation that filled her with hope. For the first time in a long time, Marie felt alive, as if tomorrow was finally within her reach.

The next day, she went to the café with a feverish heartbeat, her mind filled with questions and anticipation. She found Luc sitting at a table, a radiant smile lighting up his face.

They spent hours talking, laughing, getting to know each other. Marie felt good with Luc, as if she had finally found someone who understood her deepest dreams and aspirations.

But as the day drew to a close, a shadow of doubt crept into Marie's mind. She knew that tomorrow she would have to return to her monotonous life, to her endless routine. What if this meeting with Luc was just a passing illusion, a glimmer of light in the darkness of her reality?

She parted ways with Luc with a heavy heart, promising herself not to let fear hold her prisoner to her own doubts. She wanted to believe in tomorrow, in this chance for happiness that finally seemed within her grasp.

The days that followed were imbued with a new lightness for Marie. She found herself smiling more often, seeing the world with eyes full of wonder. Even her job seemed less oppressive, less crushing, as if a new energy flowed within her.

She met Luc several times, each meeting strengthening their connection, their complicity. They walked through the streets of the city, hand in hand, sharing dreams and hopes for the future.

But despite the joy that Luc's presence brought her, a part of Marie remained haunted by uncertainty. She knew that their story was fragile, that tomorrow was always filled with uncertainty.

One evening, as they sat on a bench in a quiet park, Marie confided in Luc about her deepest fears. She told him about her daily struggle against the weight of her past, about her doubts about the future.

Luc listened to her in silence, his gaze filled with tenderness and understanding. He took her hand and assured her that no matter what tomorrow held for them, he would be there for her, ready to face the challenges by her side.

That's when Marie realized that tomorrow wasn't just a distant promise, but a reality to be built day by day. With Luc by her side, she had finally found the strength to look towards the future with confidence and hope. And as the sun set on the horizon, illuminating the sky with a golden glow, Marie knew that no matter what tomorrow held for them, they were ready to face it together, hand in hand, united by a love stronger than all the uncertainties of life.

Mort en novembre

Novembre avait toujours été un mois sombre pour Juliette. Les feuilles tombaient des arbres comme des larmes silencieuses, annonçant la fin imminente de l'été et le début de l'hiver glacial. Chaque année, elle ressentait une tristesse profonde s'emparer de son cœur à l'approche de ce mois funeste, comme si le poids des souvenirs passés se faisait plus lourd à porter.

Cette année ne faisait pas exception. Alors que les jours raccourcissaient et que les nuits s'allongeaient, Juliette sentait une mélancolie grandissante envahir son âme. Les souvenirs d'un amour perdu la tourmentaient, hantant ses pensées jour et nuit.

Elle se souvenait de Paul, l'homme qui avait jadis fait battre son cœur plus fort que jamais. Leur amour avait été comme une flamme vacillante, éclairant les ténèbres de leur quotidien morose. Mais un jour de novembre, tout avait basculé.

C'était un jour froid et pluvieux, le genre de journée où le ciel semblait pleurer des larmes amères. Juliette se rappelait avoir attendu Paul à l'arrêt de bus, son cœur battant avec impatience à l'idée de le revoir après une longue absence.

Mais Paul n'était jamais arrivé. Des heures étaient passées, et Juliette avait finalement appris la terrible nouvelle : un accident de voiture avait emporté l'homme qu'elle aimait, le laissant seule dans un monde brisé.

Depuis ce jour-là, chaque novembre était un rappel cruel de la perte de Paul. Juliette se repliait sur elle-même, cherchant refuge dans les souvenirs d'un passé révolu. Elle évitait les rues qu'ils avaient autrefois parcourues ensemble, les cafés où ils avaient partagé des rires et des larmes, les parcs où ils avaient rêvé d'un avenir meilleur.

Mais malgré tous ses efforts pour fuir le passé, celui-ci continuait de la hanter, comme une ombre insaisissable qui la suivait partout où elle allait. Chaque novembre, elle se retrouvait confrontée à la réalité cruelle de la mort, à la fragilité de la vie elle-même.

Cette année, Juliette avait décidé de fuir la ville et de se réfugier dans une petite maison isolée à la campagne. Elle espérait trouver la paix dans la solitude, loin des souvenirs douloureux qui la tourmentaient sans relâche.

La maison était nichée au milieu des bois, entourée par le murmure apaisant des arbres et le chant mélodieux des oiseaux. Pour la première fois depuis des mois, Juliette se sentit en paix, comme si elle avait enfin trouvé un refuge sûr loin du tumulte du monde.

Elle passait ses journées à errer dans les bois, laissant ses pensées vagabonder au gré du vent. Parfois, elle s'asseyait au bord d'un ruisseau paisible, écoutant le doux murmure de l'eau qui coulait sur les pierres polies par le temps.

Mais même dans ce havre de paix, le souvenir de Paul la hantait. Chaque bruissement des feuilles, chaque rayon de soleil à travers les branches semblait lui rappeler son absence cruelle.

Un jour, alors qu'elle se promenait dans les bois, Juliette fit une découverte troublante. Elle tomba sur une vieille tombe cachée sous un arbre centenaire, recouverte de mousse et de lierre.

Intriguée, elle s'approcha et lut l'inscription gravée sur la pierre froide : "Ici repose Paul, aimé et regretté". Son cœur se serra douloureusement à la vue de ces mots, ravivant la douleur de sa perte.

Elle resta là, immobile, contemplant la tombe de l'homme qu'elle avait tant aimé. Les larmes coulaient silencieusement sur ses joues, mêlant leur tristesse à celle de la nature endormie autour d'elle.

C'est alors qu'elle entendit un bruit étrange derrière elle, comme un souffle léger dans les feuilles mortes. Elle se retourna brusquement, le cœur battant la chamade, mais il n'y avait personne.

Elle secoua la tête, attribuant le bruit à son imagination débordante. Mais alors qu'elle se préparait à partir, elle entendit à nouveau le même bruit, cette fois-ci plus fort, plus insistant.

Elle suivit le son, se frayant un chemin à travers les arbres jusqu'à une clairière cachée au cœur des bois. Et là, au milieu de l'herbe haute et des fleurs sauvages, elle vit une silhouette familière se dessiner dans l'ombre.

C'était Paul, tel qu'elle l'avait connu autrefois, avec son sourire éclatant et ses yeux rieurs. Elle resta là, figée sur place, incapable de croire à ce qu'elle voyait.

Paul s'approcha lentement d'elle, ses pas faisant craquer les feuilles mortes sous ses pieds. Il tendit la main vers elle, un geste empli de tendresse et de compassion.

Juliette voulut parler, mais aucun son ne sortit de sa gorge nouée par l'émotion. Elle se contenta de tendre la main à son tour, laissant ses doigts effleurer la silhouette insaisissable de l'homme qu'elle avait tant aimé.

Et dans ce moment de grâce, Juliette comprit que la mort n'était pas la fin, mais plutôt le début d'une nouvelle vie. Elle savait maintenant que même dans les profondeurs sombres de novembre, il y avait toujours une lueur d'espoir, une promesse de renouveau qui brillait comme une étoile dans la nuit éternelle.

Death in November

November had always been a dark month for Juliette. The leaves fell from the trees like silent tears, heralding the imminent end of summer and the onset of the cold winter. Every year, she felt a deep sadness grip her heart as this fateful month approached, as if the weight of past memories became heavier to bear.

This year was no exception. As the days grew shorter and the nights longer, Juliette felt an increasing melancholy invade her soul. Memories of a lost love tormented her, haunting her thoughts day and night.

She remembered Paul, the man who had once made her heart beat faster than ever before. Their love had been like a flickering flame, illuminating the darkness of their mundane daily lives. But one November day, everything changed.

It was a cold and rainy day, the kind of day where the sky seemed to weep bitter tears. Juliette remembered waiting for Paul at the bus stop, her heart pounding with anticipation at the thought of seeing him again after a long absence.

But Paul never arrived. Hours passed, and Juliette finally learned the terrible news: a car accident had taken away the man she loved, leaving her alone in a shattered world.

Since that day, every November was a cruel reminder of Paul's loss. Juliette withdrew into herself, seeking refuge in memories of a bygone past. She avoided the streets they had once walked together, the cafes where they had shared laughter and tears, the parks where they had dreamed of a better future.

But despite all her efforts to escape the past, it continued to haunt her, like an elusive shadow that followed her wherever she went. Every November, she found herself confronted with the cruel reality of death, the fragility of life itself.

This year, Juliette decided to flee the city and take refuge in a small isolated house in the countryside. She hoped to find peace in solitude, far from the painful memories that relentlessly tormented her.

The house was nestled amidst the woods, surrounded by the soothing murmur of trees and the melodious song of birds. For the first time in months, Juliette felt at peace, as if she had finally found a safe haven away from the tumult of the world.

She spent her days wandering through the woods, letting her thoughts wander with the wind. Sometimes, she sat by the side of a peaceful stream, listening to the gentle murmur of water flowing over stones polished by time.

But even in this haven of peace, the memory of Paul haunted her. Every rustle of the leaves, every ray of sunlight through the branches seemed to remind her of his cruel absence.

One day, as she wandered through the woods, Juliette made a disturbing discovery. She stumbled upon an old grave hidden under a centuries-old tree, covered in moss and ivy.

Intrigued, she approached and read the inscription carved on the cold stone: "Here lies Paul, loved and missed." Her heart clenched painfully at the sight of those words, reigniting the pain of her loss.

She stood there, motionless, gazing at the grave of the man she had loved so much. Tears silently streamed down her cheeks, mingling their sadness with that of the dormant nature around her.

That's when she heard a strange noise behind her, like a gentle breeze through the fallen leaves. She turned around abruptly, her heart pounding, but there was no one there.

She shook her head, attributing the sound to her overactive imagination. But as she prepared to leave, she heard the same noise again, this time louder, more insistent.

She followed the sound, making her way through the trees to a hidden clearing in the heart of the woods. And there, amidst the tall grass and wildflowers, she saw a familiar figure outlined in the shadows.

It was Paul, as she had known him once, with his radiant smile and laughing eyes. She stood there, frozen in place, unable to believe what she was seeing.

Paul approached her slowly, his footsteps crunching the fallen leaves beneath his feet. He reached out to her, a gesture filled with tenderness and compassion.

Juliette wanted to speak, but no sound came out of her throat, choked with emotion. She simply reached out her hand in turn, letting her fingers brush against the elusive silhouette of the man she had loved so much.

And in that moment of grace, Juliette understood that death was not the end, but rather the beginning of a new life. She now knew that even in the dark depths of November, there was always a glimmer of hope, a promise of renewal that shone like a star in the eternal night.

Le Navire des Voleurs

Le soleil se levait lentement sur le port de Marseille, jetant des reflets dorés sur les eaux calmes de la Méditerranée. Au loin, un navire se balançait paresseusement au rythme des vagues, sa coque usée témoignant des nombreux voyages qu'il avait entrepris.

Sur le quai, un homme se tenait debout, observant le navire avec un mélange de fascination et d'appréhension. Son nom était Antoine, un marin expérimenté en quête d'aventure et de fortune. Il avait entendu parler du navire des voleurs, un bateau légendaire qui aurait transporté les plus grands trésors à travers les mers du monde.

Antoine avait passé des mois à chercher des informations sur ce navire mystérieux, interrogeant des marins et des pirates dans les ports les plus reculés. Et maintenant, il était sur le point de réaliser son rêve de rejoindre l'équipage du navire des voleurs.

Il avait rendez-vous avec le capitaine ce matin-là, un homme redouté dans tout le monde maritime pour sa cruauté et son ingéniosité. Antoine resserra sa ceinture et ajusta son chapeau, se préparant mentalement à rencontrer l'homme qui allait changer le cours de sa vie.

Quand le capitaine apparut finalement sur le pont, Antoine sentit une onde de nervosité le traverser. L'homme était grand et imposant, avec des yeux perçants qui semblaient lire au plus profond de son âme.

"Vous êtes Antoine, n'est-ce pas ?", demanda le capitaine d'une voix grave. Antoine hocha la tête, essayant de dissimuler son appréhension. "Oui, c'est moi."

Le capitaine lui lança un regard scrutateur, évaluant chaque parcelle de son être. Puis, finalement, il lui tendit la main dans un geste de camaraderie inattendu.

"Bienvenue à bord du Navire des Voleurs, Antoine. Nous avons besoin d'hommes comme vous pour accomplir notre prochaine mission."

Antoine sentit un frisson d'excitation parcourir son corps à ces mots. Il savait que cette mission serait risquée, mais il était prêt à tout pour avoir sa chance de découvrir les trésors cachés du monde.

Le navire des voleurs était une véritable machine de guerre, équipé de canons puissants et d'une équipe de marins aguerris. Sous la direction habile du capitaine, l'équipage avait réussi à échapper aux autorités pendant des années, pillant les navires marchands et s'emparant de leurs richesses avec une efficacité redoutable.

Mais cette fois-ci, la mission était différente. Le capitaine avait appris l'existence d'un trésor légendaire caché sur une île lointaine, et il était déterminé à le récupérer à tout prix. Antoine se sentait honoré d'avoir été choisi pour faire partie de cette expédition audacieuse.

Le navire leva l'ancre au crépuscule, disparaissant lentement à l'horizon alors que la nuit enveloppait le port dans son manteau sombre. Antoine se tint sur le pont, le regard fixé sur les étoiles scintillantes au-dessus de lui, se demandant ce que l'avenir lui réservait.

Les jours qui suivirent furent remplis d'une activité fébrile à bord du navire des voleurs. L'équipage se préparait pour la mission à venir, affûtant ses armes et planifiant chaque détail avec soin. Antoine se familiarisa rapidement avec ses nouveaux compagnons de voyage, découvrant leurs personnalités diverses et leurs compétences uniques.

Parmi eux se trouvait Marie, une jeune femme intrépide au regard farouche, qui avait rejoint l'équipage pour échapper à un destin peu enviable. Antoine était fasciné par sa détermination et sa bravoure, se demandant ce qui l'avait poussée à embrasser une vie de piraterie.

Les semaines passèrent rapidement, et bientôt le navire arriva à destination, une île reculée aux rives rocheuses et aux jungles épaisses. Le capitaine ordonna à l'équipage de débarquer, les menant à travers les sentiers tortueux à la recherche du trésor caché.

La recherche fut longue et périlleuse, ponctuée de rencontres avec des animaux sauvages et des pièges naturels. Mais l'équipage était déterminé à atteindre son objectif, bravant les dangers avec une résolution indomptable.

Finalement, après des jours d'exploration, ils découvrirent la cachette du trésor, dissimulée au cœur de la jungle luxuriante. Antoine sentit son cœur battre la chamade d'excitation alors qu'ils ouvraient le coffre, révélant des montagnes d'or et de bijoux étincelants.

Mais leur triomphe fut de courte durée. À peine avaient-ils commencé à rassembler le butin que des cris retentirent dans la jungle, annonçant l'arrivée imminente d'ennemis redoutables.

Le capitaine ordonna à l'équipage de se préparer à défendre le trésor à tout prix, sachant que leur vie dépendait de leur capacité à repousser l'assaut imminent. Antoine se tint aux côtés de ses compagnons de voyage, le cœur battant la chamade d'adrénaline alors que les premières silhouettes ennemies apparurent à l'orée de la forêt.

La bataille qui s'ensuivit fut féroce et sans merci, un tourbillon de violence et de chaos qui menaça de déchirer l'île en deux. Les canons tonnaient et les sabres étincelaient dans la lumière du soleil, tandis que l'équipage du navire des voleurs se battait avec une bravoure indomptable pour protéger son trésor.

Dans l'épaisseur de la mêlée, Antoine se retrouva face à face avec un adversaire redoutable, un pirate aguerri dont le regard brûlait d'une détermination farouche. Ils s'affrontèrent avec une intensité sauvage, leurs lames s'entrechoquant dans un ballet mortel.

Mais malgré tous leurs efforts, l'ennemi était trop nombreux et trop déterminés. Bientôt, l'équipage du navire des voleurs se retrouva acculé, encerclé par des forces supérieures en nombre.

Le capitaine réalisa que la bataille était perdue, que leur seule chance de survie était de battre en retraite et de fuir l'île avant qu'il ne soit trop tard. Il donna l'ordre de rembarquer, l'équipage se précipitant à bord du navire dans une course désespérée contre le temps.

Le navire s'éloigna rapidement de l'île, les voiles gonflées par le vent alors qu'ils fuyaient le chaos derrière eux. Antoine se tint sur le pont, le souffle court, réalisant que cette mission avait changé sa vie à jamais.

Alors que le navire disparaissait à l'horizon, Antoine sentit un mélange d'émotions l'envahir. Malgré la défaite amère, il savait qu'il avait vécu une aventure inoubliable, une expérience qui le marquerait pour le restant de ses jours.

Et alors que le soleil se couchait lentement à l'horizon, jetant des reflets dorés sur les eaux calmes de la Méditerranée, Antoine sut qu'il était prêt à affronter tous les défis que l'avenir lui réservait, avec la même bravoure et la même détermination que l'équipage du navire des voleurs.

The Ship of Thieves

The sun rose slowly over the port of Marseille, casting golden reflections on the calm waters of the Mediterranean. In the distance, a ship swayed lazily to the rhythm of the waves, its worn hull bearing witness to the numerous voyages it had undertaken.

On the quay, a man stood, watching the ship with a mixture of fascination and apprehension. His name was Antoine, an experienced sailor in search of adventure and fortune. He had heard of the Ship of Thieves, a legendary vessel that had supposedly transported the greatest treasures across the world's seas.

Antoine had spent months gathering information about this mysterious ship, questioning sailors and pirates in the most remote ports. And now, he was about to realize his dream of joining the crew of the Ship of Thieves.

He had a rendezvous with the captain that morning, a man feared throughout the maritime world for his cruelty and ingenuity. Antoine tightened his belt and adjusted his hat, mentally preparing himself to meet the man who would change the course of his life.

When the captain finally appeared on deck, Antoine felt a wave of nervousness wash over him. The man was tall and imposing, with piercing eyes that seemed to see into his very soul.

"Are you Antoine, then?" asked the captain in a deep voice.

Antoine nodded, trying to hide his apprehension. "Yes, it's me."

The captain gave him a scrutinizing look, assessing every inch of his being. Then, finally, he extended his hand in an unexpected gesture of camaraderie.

"Welcome aboard the Ship of Thieves, Antoine. We need men like you to accomplish our next mission."

Antoine felt a thrill of excitement run through his body at these words. He knew that this mission would be risky, but he was willing to do anything for his chance to discover the hidden treasures of the world.

The Ship of Thieves was a veritable war machine, equipped with powerful cannons and a crew of seasoned sailors. Under the captain's skilled leadership, the crew had managed to elude authorities for years, plundering merchant ships and seizing their wealth with ruthless efficiency.

But this time, the mission was different. The captain had learned of a legendary treasure hidden on a remote island, and he was determined to retrieve it at any cost. Antoine felt honored to have been chosen to be part of this daring expedition.

The ship set sail at dusk, slowly disappearing over the horizon as night fell and enveloped the port in its dark cloak. Antoine stood on deck, gazing up at the sparkling stars above him, wondering what the future held in store.

The days that followed were filled with feverish activity aboard the Ship of Thieves. The crew prepared for the upcoming mission, sharpening their weapons and planning every detail carefully. Antoine quickly became acquainted with his new companions, discovering their diverse personalities and unique skills.

Among them was Marie, a fearless young woman with a fierce gaze, who had joined the crew to escape an undesirable fate. Antoine was fascinated by her determination and courage, wondering what had driven her to embrace a life of piracy.

Weeks passed quickly, and soon the ship arrived at its destination, a remote island with rocky shores and dense jungles. The captain ordered the crew to disembark, leading them through winding trails in search of the hidden treasure.

The search was long and perilous, punctuated by encounters with wild animals and natural traps. But the crew was determined to reach their goal, braving the dangers with unwavering resolve.

Finally, after days of exploration, they discovered the treasure's hiding place, nestled in the heart of the lush jungle. Antoine felt his heart pound with excitement as they opened the chest, revealing mountains of gold and sparkling jewels.

But their triumph was short-lived. Barely had they begun to gather the loot when cries rang out in the jungle, announcing the imminent arrival of formidable enemies.

The captain ordered the crew to prepare to defend the treasure at all costs, knowing that their lives depended on their ability to repel the impending assault. Antoine stood alongside his fellow travelers, his heart pounding with adrenaline as the first enemy silhouettes appeared at the edge of the forest.

The ensuing battle was fierce and merciless, a whirlwind of violence and chaos that threatened to tear the island apart. Cannons roared and sabers gleamed in the sunlight as the crew of the Ship of Thieves fought with indomitable bravery to protect their treasure.

In the thick of the melee, Antoine found himself face to face with a formidable adversary, a seasoned pirate whose gaze burned with fierce determination. They clashed with wild intensity, their blades clashing in a deadly dance.

But despite all their efforts, the enemy was too numerous and too determined. Soon, the crew of the Ship of Thieves found themselves cornered, surrounded by superior forces.

The captain realized that the battle was lost, that their only chance of survival was to retreat and flee the island before it was too late. He ordered the crew to re-embark, the crew rushing aboard the ship in a desperate race against time.

The ship quickly sailed away from the island, its sails filled with wind as they fled the chaos behind them. Antoine stood on deck, his breath coming in short gasps, realizing that this mission had changed his life forever.

As the ship disappeared over the horizon, Antoine felt a mix of emotions wash over him. Despite the bitter defeat, he knew that he had experienced an unforgettable adventure, an experience that would mark him for the rest of his days.

And as the sun set slowly on the horizon, casting golden reflections on the calm waters of the Mediterranean, Antoine knew that he was ready to face whatever challenges the future held, with the same courage and determination as the crew of the Ship of Thieves.

La Voiture Jaune

La chaleur de l'été enveloppait la petite ville côtière alors que le soleil se couchait lentement à l'horizon. Les rues étaient désertes, à l'exception de quelques âmes solitaires qui erraient çà et là, cherchant un peu de fraîcheur dans l'air étouffant.

Parmi eux se trouvait Pierre, un homme au visage fatigué et aux épaules voûtées, qui marchait d'un pas lent le long de la rue principale. Il était vêtu d'une chemise blanche et d'un pantalon en lin, ses cheveux grisonnants agités par la brise marine.

Pierre était un écrivain en quête d'inspiration, à la recherche de nouvelles idées pour son prochain roman. Il avait passé des jours enfermé dans son bureau, luttant contre le blocage de l'écrivain alors que les mots refusaient de venir à lui.

Mais ce soir-là, quelque chose dans l'air lui disait que le destin était sur le point de changer. Il avait le sentiment inexplicable que quelque chose d'extraordinaire allait se produire, quelque chose qui allait bouleverser sa vie à jamais.

Alors qu'il marchait le long de la rue, perdu dans ses pensées, ses yeux furent soudain attirés par une étrange lueur jaune au bout de la rue. Il s'approcha lentement, intrigué par la vision d'une magnifique voiture vintage garée devant un café désert.

La voiture était d'un jaune éclatant, étincelant sous les derniers rayons du soleil couchant. Ses lignes élégantes et ses courbes gracieuses semblaient figées dans le temps, un vestige d'une époque révolue qui captivait l'imagination de Pierre.

Il s'approcha de la voiture, la caressant du bout des doigts, se laissant emporter par la beauté intemporelle de sa silhouette. Il avait l'impression d'avoir trouvé l'inspiration qu'il cherchait depuis si longtemps, comme si la voiture jaune avait le pouvoir magique de libérer sa créativité.

Soudain, une voix le tira de sa rêverie, le ramenant brusquement à la réalité. C'était une femme, assise à une table à l'extérieur du café, un sourire chaleureux illuminant son visage.

"Elle est magnifique, n'est-ce pas ?", dit-elle en désignant la voiture jaune d'un geste élégant.

Pierre hocha la tête, incapable de trouver les mots pour exprimer sa fascination pour la voiture. Il se demanda qui pouvait bien être le propriétaire de cette merveilleuse machine, et ce qui l'avait poussé à la garer ici, dans cette petite ville endormie.

La femme se leva de sa chaise, s'approchant de Pierre avec grâce. Elle était vêtue d'une robe d'été légère, ses cheveux blonds encadrant son visage comme un halo doré.

"Je m'appelle Isabelle", dit-elle en tendant la main à Pierre. "Et vous, quel est votre nom ?"

"Pierre", répondit-il, prenant sa main dans la sienne avec un sourire timide.

Isabelle lui lança un regard malicieux, ses yeux pétillant d'une lueur espiègle. "Vous savez, j'ai toujours pensé que les voitures avaient une âme. Elles ont une histoire à raconter, des secrets à révéler."

Pierre acquiesça, captivé par les paroles envoûtantes de la femme. Il se sentait inexplicablement attiré par elle, comme si elle détenait la clé de ses rêves les plus profonds.

Isabelle lui fit signe de la suivre, l'entraînant à travers les rues étroites de la ville jusqu'à un vieux manoir perché sur une falaise surplombant la mer. Pierre la suivit, le cœur battant la chamade d'excitation alors qu'il se demandait ce qui l'attendait derrière les portes du mystérieux bâtiment.

Ils entrèrent dans le manoir, découvrant un intérieur richement décoré de meubles anciens et de tapis orientaux. Isabelle le guida à travers les couloirs sombres, ses pas résonnant sur les carreaux de marbre poli.

Finalement, ils arrivèrent dans une pièce éclairée par la lueur vacillante des bougies. Au centre de la pièce se trouvait une table en bois sombre, couverte de parchemins et de plumes d'oiseaux.

Isabelle s'assit à la table, invitant Pierre à faire de même. Elle lui tendit un parchemin vierge et une plume, un sourire mystérieux aux lèvres.

"Écrivez, Pierre", dit-elle doucement. "Laissez votre esprit vagabonder et vos mots prendre vie sur la page. N'ayez pas peur de raconter votre histoire, quelle qu'elle soit."

Pierre acquiesça, laissant ses doigts glisser sur le parchemin alors qu'il commençait à écrire. Les mots jaillissaient de lui comme une cascade tumultueuse, une histoire de passion et d'aventure qui prenait vie sous ses doigts.

Des heures passèrent dans un tourbillon de créativité, alors que Pierre se laissait emporter par le flot de ses propres pensées. Quand il eut fini d'écrire, il leva les yeux vers Isabelle, le regard brillant d'excitation.

"Merci", dit-il simplement, réalisant que cette rencontre avait changé sa vie à jamais.

Isabelle lui sourit, ses yeux brillant d'une lueur mystérieuse. "Ce n'est que le début, Pierre. Vous avez encore tant de choses à découvrir, tant d'histoires à raconter."

Et avec ces mots, elle disparut dans l'obscurité, laissant Pierre seul avec ses pensées et ses rêves d'avenir.

The Yellow Car

The heat of summer enveloped the small coastal town as the sun set slowly on the horizon. The streets were deserted, except for a few solitary souls wandering here and there, seeking a bit of relief from the stifling air. Among them was Pierre, a man with a tired face and stooped shoulders, walking slowly along the main street. He was dressed in a white shirt and linen pants, his graying hair tousled by the sea breeze.

Pierre was a writer in search of inspiration, seeking new ideas for his next novel. He had spent days locked in his study, struggling with writer's block as the words refused to come to him.

But that evening, something in the air told him that destiny was about to change. He had an inexplicable feeling that something extraordinary was about to happen, something that would shake up his life forever.

As he walked along the street, lost in thought, his eyes were suddenly drawn to a strange yellow glow at the end of the street. He approached slowly, intrigued by the sight of a magnificent vintage car parked in front of a deserted café.

The car was a brilliant yellow, sparkling under the last rays of the setting sun. Its elegant lines and graceful curves seemed frozen in time, a relic of a bygone era that captured Pierre's imagination.

He approached the car, running his fingers over it, carried away by the timeless beauty of its silhouette. He felt as if he had found the inspiration he had been searching for so long, as if the yellow car had the magical power to unleash his creativity.

Suddenly, a voice pulled him out of his reverie, bringing him back abruptly to reality. It was a woman, sitting at a table outside the café, a warm smile lighting up her face.

"She's beautiful, isn't she?" she said, gesturing to the yellow car with a graceful gesture.

Pierre nodded, unable to find the words to express his fascination with the car. He wondered who could be the owner of this wonderful machine, and what had prompted them to park it here, in this sleepy little town.

The woman stood up from her chair, approaching Pierre with grace. She was dressed in a light summer dress, her blond hair framing her face like a golden halo.

"My name is Isabelle," she said, extending her hand to Pierre. "And you, what's your name?"

"Pierre," he replied, taking her hand in his with a shy smile.

Isabelle gave him a mischievous look, her eyes sparkling with a playful gleam. "You know, I've always thought that cars have a soul. They have a story to tell, secrets to reveal."

Pierre nodded, captivated by the woman's enchanting words. He felt inexplicably drawn to her, as if she held the key to his deepest dreams.

Isabelle gestured for him to follow her, leading him through the narrow streets of the town to an old mansion perched on a cliff overlooking the sea. Pierre followed her, his heart pounding with excitement as he wondered what awaited him behind the doors of the mysterious building.

They entered the mansion, discovering an interior richly decorated with antique furniture and oriental rugs. Isabelle led him through the dark corridors, her footsteps echoing on the polished marble tiles.

Finally, they arrived in a room lit by the flickering glow of candles. In the center of the room was a table of dark wood, covered with scrolls and bird feathers.

Isabelle sat down at the table, inviting Pierre to do the same. She handed him a blank parchment and a quill, a mysterious smile playing on her lips.

"Write, Pierre," she said softly. "Let your mind wander and your words come to life on the page. Don't be afraid to tell your story, whatever it may be."

Pierre nodded, letting his fingers glide over the parchment as he began to write. The words flowed from him like a tumultuous cascade, a story of passion and adventure that came to life under his fingers.

Hours passed in a whirlwind of creativity, as Pierre was carried away by the flow of his own thoughts. When he had finished writing, he looked up at Isabelle, his eyes shining with excitement.

"Thank you," he said simply, realizing that this encounter had changed his life forever.

Isabelle smiled at him, her eyes shining with a mysterious light. "This is only the beginning, Pierre. You still have so much to discover, so many stories to tell."

And with those words, she disappeared into the darkness, leaving Pierre alone with his thoughts and dreams of the future.

Les Bougies

La nuit était tombée sur la ville, enveloppant les rues étroites d'un voile sombre et mystérieux. Dans un petit appartement au dernier étage d'un immeuble délabré, une femme se tenait devant la fenêtre, regardant le monde extérieur avec des yeux vides.

Son nom était Amélie, une âme tourmentée en quête de réconfort dans l'obscurité de la nuit. Elle vivait seule dans cet appartement depuis des années, enfermée dans ses pensées et ses souvenirs douloureux.

Ce soir-là, elle se sentait particulièrement seule, comme si le poids de son existence reposait sur ses épaules fragiles. Elle alluma une bougie sur la table basse, laissant sa lumière vacillante éclairer la pièce dansante.

Les bougies étaient sa seule compagnie dans les moments sombres de la nuit, une lueur d'espoir dans un monde empli de désespoir. Elle aimait regarder les flammes danser, comme si elles avaient le pouvoir magique de chasser les ténèbres de son cœur.

Mais ce soir-là, quelque chose était différent. Alors qu'elle contemplait les bougies, elle sentit une étrange présence dans la pièce, comme si quelqu'un d'autre était là avec elle, invisible mais bien réel.

Elle se retourna brusquement, scrutant les ombres qui dansaient dans les coins de la pièce. Mais il n'y avait personne, seulement le silence oppressant de la nuit.

Pourtant, elle ne pouvait se défaire du sentiment persistant d'être observée, comme si des yeux invisibles la fixaient dans l'obscurité. Elle frissonna, resserrant ses bras autour d'elle dans une tentative vaine de se réchauffer.

C'est alors qu'elle entendit un léger bruit derrière elle, comme le souffle d'une brise dans les feuilles d'automne. Elle se retourna lentement, le cœur battant la chamade dans sa poitrine.

Et là, dans un coin sombre de la pièce, elle vit une silhouette se dessiner lentement dans l'obscurité. C'était une femme, vêtue d'une robe légère qui flottait autour d'elle comme un nuage de fumée.

Amélie resta figée sur place, incapable de détacher ses yeux de cette vision étrange. La femme s'approcha lentement, sa présence emplissant la pièce d'une étrange aura de calme et de tranquillité.

"Ne craignez rien, Amélie", dit la femme d'une voix douce et apaisante. "Je suis là pour vous aider."

Amélie la regarda avec méfiance, se demandant qui pouvait bien être cette étrange visiteuse. Mais quelque chose dans son regard la rassura, lui faisant comprendre qu'elle n'avait rien à craindre.

"Qui êtes-vous ?", demanda-t-elle d'une voix tremblante.

La femme lui sourit, ses yeux brillant d'une lueur mystérieuse. "Je suis Léa, une amie de longue date. Je suis venue vous rendre visite pour vous apporter un message important."

Amélie fronça les sourcils, se demandant ce que cette femme pouvait bien lui vouloir. Mais elle se sentait curieusement attirée par elle, comme si elle détenait les réponses à toutes ses questions.

Léa s'approcha encore, posant une main réconfortante sur l'épaule d'Amélie. "Vous portez un fardeau lourd, Amélie, un fardeau qui vous empêche d'avancer dans la vie. Mais vous devez comprendre que vous n'êtes pas seule. Vous avez le pouvoir de changer votre destinée, de trouver la paix et le bonheur que vous méritez."

Les paroles de Léa résonnèrent dans l'esprit d'Amélie, lui faisant réaliser que le temps était venu de laisser aller le passé et de regarder vers l'avenir. Elle sentit un poids se lever de ses épaules, une sensation de légèreté l'envahir alors qu'elle se laissait emporter par les paroles réconfortantes de son étrange visiteuse.

Léa lui sourit, lui tendant la main dans un geste d'amitié. "Venez avec moi, Amélie. Ensemble, nous pouvons briser les chaînes qui vous retiennent prisonnière de votre propre souffrance. Ensemble, nous pouvons allumer une nouvelle flamme dans votre cœur, une flamme d'espoir et de renouveau."

Amélie hésita un instant, ses yeux cherchant les siens dans la pénombre de la pièce. Puis, lentement, elle tendit la main, saisissant celle de Léa dans la sienne avec un sourire timide.

"Je vous fais confiance, Léa", dit-elle doucement. "Guidez-moi vers la lumière, et je vous suivrai où que vous alliez."

Et ensemble, elles quittèrent l'appartement, laissant derrière elles les bougies qui brûlaient toujours, leur lumière vacillante éclairant le chemin vers un avenir rempli de promesses et d'espoir.

The Candles

The night had fallen over the city, enveloping the narrow streets in a dark and mysterious veil. In a small apartment on the top floor of a dilapidated building, a woman stood by the window, looking out at the world with empty eyes.

Her name was Amélie, a troubled soul seeking comfort in the darkness of the night. She had lived alone in this apartment for years, locked in her thoughts and painful memories.

That evening, she felt particularly lonely, as if the weight of her existence rested on her fragile shoulders. She lit a candle on the coffee table, letting its flickering light illuminate the room.

Candles were her only company in the dark moments of the night, a glimmer of hope in a world filled with despair. She loved watching the flames dance, as if they had the magical power to chase away the darkness from her heart.

But that evening, something was different. As she gazed at the candles, she felt a strange presence in the room, as if someone else was there with her, invisible but very real.

She turned around abruptly, scanning the shadows dancing in the corners of the room. But there was no one, only the oppressive silence of the night.

Yet she couldn't shake off the persistent feeling of being watched, as if invisible eyes were fixed on her in the darkness. She shivered, wrapping her arms around herself in a futile attempt to warm up.

Then she heard a faint sound behind her, like the breath of a breeze through autumn leaves. She turned slowly, her heart pounding in her chest.

And there, in a dark corner of the room, she saw a silhouette slowly taking shape in the darkness. It was a woman, dressed in a light dress that floated around her like a cloud of smoke.

Amélie stood frozen in place, unable to take her eyes off this strange vision. The woman approached slowly, her presence filling the room with a strange aura of calm and tranquility.

"Do not be afraid, Amélie," said the woman in a soft and soothing voice. "I am here to help you."

Amélie looked at her with suspicion, wondering who this strange visitor could be. But something in her gaze reassured her, making her realize that she had nothing to fear.

"Who are you?" she asked, her voice trembling.

The woman smiled at her, her eyes shining with a mysterious light. "I am Léa, an old friend. I have come to visit you to bring you an important message."

Amélie frowned, wondering what this woman could want from her. But she felt curiously drawn to her, as if she held the answers to all her questions.

Léa approached even closer, placing a comforting hand on Amélie's shoulder. "You carry a heavy burden, Amélie, a burden that prevents you from moving forward in life. But you must understand that you are not alone. You have the power to change your destiny, to find the peace and happiness you deserve."

Léa's words echoed in Amélie's mind, making her realize that it was time to let go of the past and look to the future. She felt a weight lift off her shoulders, a feeling of lightness washing over her as she was carried away by her strange visitor's comforting words.

Léa smiled at her, reaching out her hand in a gesture of friendship. "Come with me, Amélie. Together, we can break the chains that hold you prisoner to your own suffering. Together, we can light a new flame in your heart, a flame of hope and renewal."

Amélie hesitated for a moment, her eyes searching hers in the darkness of the room. Then, slowly, she reached out, taking Léa's hand in hers with a shy smile.

"I trust you, Léa," she said softly. "Guide me to the light, and I will follow you wherever you go."

And together, they left the apartment, leaving behind the candles that still burned, their flickering light illuminating the way to a future filled with promise and hope.

Les Fleurs Bleues

Dans un petit village niché au creux des montagnes, au cœur de la Provence, vivait une jeune femme nommée Élodie. Elle était connue dans tout le village pour sa beauté envoûtante et sa passion pour les fleurs.

Élodie possédait un petit jardin secret derrière sa maison, où elle cultivait une variété rare de fleurs bleues. Ces fleurs, d'une couleur éclatante et d'une beauté saisissante, étaient sa fierté et sa joie, et elle passait des heures à les admirer et à en prendre soin avec amour.

Mais un jour, alors qu'elle se promenait dans la forêt voisine, Élodie découvrit une fleur bleue qu'elle n'avait jamais vue auparavant. Elle était émerveillée par sa rareté et sa beauté, et elle décida immédiatement de la ramener chez elle pour l'ajouter à sa collection.

Elle la replanta avec soin dans son jardin secret et l'arrosa avec tendresse, espérant la voir s'épanouir et révéler toute sa splendeur. Mais à sa grande surprise, la fleur refusa de fleurir, ses pétales restant fermés comme pour garder un mystère enfoui au plus profond de son cœur.

Élodie était désemparée. Elle avait consacré tant d'énergie et d'attention à cette fleur, et pourtant elle semblait refuser obstinément de lui offrir le spectacle magique de sa floraison. Elle se demandait ce qu'elle avait pu faire de mal, pourquoi la fleur ne voulait pas s'ouvrir à elle malgré tous ses efforts.

Déterminée à percer le mystère de la fleur bleue, Élodie décida de consulter une vieille sorcière qui vivait à l'orée de la forêt. On disait qu'elle possédait un savoir ancestral sur les plantes et les secrets de la nature, et Élodie espérait qu'elle pourrait l'aider à comprendre ce qui se passait avec sa fleur récalcitrante.

La sorcière l'accueillit dans sa cabane de bois, ses yeux brillants d'une lueur mystérieuse. Élodie lui expliqua son dilemme, lui montrant la fleur bleue qu'elle avait tant chérie et qui refusait obstinément de fleurir malgré tous ses soins.

La sorcière écouta attentivement, puis elle se pencha sur la fleur, l'examinant avec une attention soutenue. Après un long moment de silence, elle se redressa et regarda Élodie avec un sourire énigmatique.

"Ma chère enfant," dit-elle d'une voix douce et rauque, "les fleurs bleues sont des créatures capricieuses, pleines de mystères et de secrets. Elles ne se révèlent qu'à ceux qui possèdent un cœur pur et une âme sincère, prêts à les accueillir avec amour et respect."

Élodie écouta avec attention, suspendue aux paroles de la sorcière. Elle se demandait ce que cela signifiait, comment elle pouvait prouver à la fleur qu'elle méritait son éclat, son épanouissement.

La sorcière lui tendit une petite fiole en verre contenant un liquide bleu étincelant. "Voici un élixir magique," dit-elle. "Il contient le pouvoir de révéler la véritable nature de la fleur bleue, mais il ne peut être utilisé que par celui qui possède un cœur pur et sincère."

Élodie prit la fiole avec précaution, sentant le poids du destin entre ses mains. Elle savait qu'elle devait faire preuve de courage et de détermination pour gagner la confiance de la fleur, pour lui montrer qu'elle était prête à tout pour découvrir son secret caché.

De retour chez elle, Élodie se tint devant la fleur bleue, la fiole magique à la main. Elle ferma les yeux et respira profondément, puis elle versa délicatement quelques gouttes de l'élixir sur la terre autour de la plante.

Et alors, un miracle se produisit. Les pétales de la fleur commencèrent lentement à s'ouvrir, révélant un cœur d'un bleu éclatant. Élodie sentit son cœur se remplir de joie et d'émerveillement devant ce spectacle magique, cette preuve de la puissance de l'amour et de la sincérité.

La fleur bleue se dressa fièrement dans le jardin d'Élodie, sa beauté captivante attirant les regards admiratifs des passants. Et Élodie sut, en contemplant cette merveille de la nature, qu'elle avait enfin gagné la confiance de la fleur, qu'elle avait réussi à percer le mystère de son âme et à découvrir la véritable signification de son existence.

Et chaque fois qu'elle regardait la fleur bleue, Élodie se souvenait des paroles de la sorcière, de la leçon qu'elle avait apprise grâce à cette humble plante : que l'amour et la sincérité sont les clés qui ouvrent les portes de la magie et de la beauté, qui révèlent les merveilles cachées de ce monde et nous guident sur le chemin de la découverte et de l'émerveillement.

The Blue Flowers

In a small village nestled in the heart of the Provence mountains, lived a young woman named Élodie. She was known throughout the village for her enchanting beauty and her passion for flowers.

Élodie had a small secret garden behind her house, where she cultivated a rare variety of blue flowers. These flowers, with their striking color and captivating beauty, were her pride and joy, and she spent hours admiring them and caring for them with love.

But one day, as she was walking in the nearby forest, Élodie discovered a blue flower that she had never seen before. She was amazed by its rarity and beauty, and she immediately decided to bring it home to add to her collection.

She carefully replanted it in her secret garden and watered it tenderly, hoping to see it bloom and reveal all its splendor. But to her great surprise, the flower refused to bloom, its petals remaining closed as if to keep a mystery buried deep within its heart.

Élodie was distraught. She had devoted so much energy and attention to this flower, and yet it seemed stubbornly unwilling to offer her the magical sight of its blooming. She wondered what she had done wrong, why the flower wouldn't open to her despite all her efforts.

Determined to unravel the mystery of the blue flower, Élodie decided to consult an old witch who lived at the edge of the forest. It was said that she possessed ancient knowledge of plants and the secrets of nature, and Élodie hoped that she could help her understand what was happening with her recalcitrant flower.

The witch welcomed her into her wooden hut, her eyes shining with a mysterious light. Élodie explained her dilemma, showing her the blue flower that she had cherished so much and that stubbornly refused to bloom despite all her care.

The witch listened attentively, then she bent over the flower, examining it closely. After a long moment of silence, she straightened up and looked at Élodie with an enigmatic smile.

"My dear child," she said in a soft, raspy voice, "blue flowers are capricious creatures, full of mysteries and secrets. They only reveal themselves to those who possess a pure heart and a sincere soul, ready to welcome them with love and respect."

Élodie listened intently, hanging on the witch's words. She wondered what it meant, how she could prove to the flower that she deserved its brilliance, its bloom.

The witch handed her a small glass vial containing a sparkling blue liquid. "Here is a magical elixir," she said. "It holds the power to reveal the true nature of the blue flower, but it can only be used by one who possesses a pure and sincere heart."

Élodie took the vial cautiously, feeling the weight of destiny in her hands. She knew she had to show courage and determination to gain the flower's trust, to show it that she was willing to do anything to uncover its hidden secret.

Back home, Élodie stood before the blue flower, the magical vial in her hand. She closed her eyes and took a deep breath, then she gently poured a few drops of the elixir onto the soil around the plant.

And then, a miracle happened. The petals of the flower began to slowly open, revealing a heart of dazzling blue. Élodie felt her heart fill with joy and wonder at this magical sight, this proof of the power of love and sincerity.

The blue flower stood proudly in Élodie's garden, its captivating beauty drawing admiring glances from passersby. And Élodie knew, as she gazed upon this wonder of nature, that she had finally gained the flower's trust, that she had succeeded in unraveling the mystery of its soul and discovering the true meaning of its existence.

And every time she looked at the blue flower, Élodie remembered the words of the witch, the lesson she had learned through this humble plant: that love and sincerity are the keys that unlock the doors of magic and beauty, that reveal the hidden wonders of this world and guide us on the path of discovery and wonder.

47

Il n'a rien dit

Dans une petite maison nichée au bord de la falaise, le vent soufflait avec force, faisant claquer les volets contre les fenêtres. À l'intérieur, une femme assise seule à une table, fixant le téléphone avec anxiété.

Son nom était Claire, une âme tourmentée par le poids du silence qui enveloppait sa vie depuis trop longtemps. Elle avait passé des heures à attendre, espérant désespérément entendre sa voix, mais le téléphone restait étrangement muet.

Claire et Jacques s'étaient rencontrés des années auparavant, dans un café enfumé au coin d'une rue animée. Elle se souvenait encore du frisson qui lui avait parcouru l'échine lorsqu'elle avait croisé son regard pour la première fois, comme si elle avait su dès ce moment-là que sa vie était sur le point de changer pour toujours.

Ils étaient tombés amoureux rapidement, emportés par une passion ardente qui semblait brûler plus brillamment à chaque jour qui passait. Ils avaient partagé des moments de bonheur intense, des souvenirs précieux gravés dans le marbre de leurs cœurs.

Mais quelque chose avait changé au fil des ans, une distance insidieuse qui s'était insinuée entre eux, les séparant lentement mais inexorablement. Claire se rappelait encore les premiers signes du silence de Jacques, les mots non dits qui flottaient dans l'air comme des fantômes invisibles.

Elle avait essayé de lui parler, de lui demander ce qui n'allait pas, mais ses mots semblaient se perdre dans le vide, étouffés par le poids oppressant de l'incompréhension. Et alors, elle avait fini par se taire, enfouissant ses propres sentiments au plus profond de son cœur, dans l'espoir naïf que les choses finiraient par s'arranger d'elles-mêmes.

Mais ce soir-là, quelque chose avait changé. Claire sentait que le silence était devenu insupportable, pesant sur elle comme une chape de plomb.

Elle savait qu'elle devait briser ce silence, qu'elle ne pouvait plus supporter l'absence de réponses.

Elle prit le téléphone dans ses mains tremblantes, composant le numéro de Jacques avec une hésitation palpable. Chaque sonnerie semblait durer une éternité, amplifiant son anxiété à chaque instant qui passait.

Et puis, enfin, il décrocha. La voix de Jacques résonna dans l'écouteur, mais quelque chose dans son ton laissa Claire frissonnante d'appréhension. Il ne disait rien, seulement un silence pesant qui semblait remplir l'espace entre eux.

"Jacques", dit-elle enfin, sa voix tremblante de peur et d'incertitude. "Que se passe-t-il ? Pourquoi ce silence ?"

Il y eut un moment de silence de l'autre côté de la ligne, un silence qui semblait durer une éternité. Puis, enfin, la voix de Jacques s'éleva dans l'écouteur, brisant le silence avec une force inattendue.

"Je suis désolé, Claire", dit-il doucement, ses mots emplis d'une tristesse profonde. "Je ne voulais pas te blesser, mais je ne sais pas comment te dire ce que je ressens."

Claire sentit son cœur se serrer dans sa poitrine, la douleur de ses paroles lui perforant l'âme comme une lame tranchante. Elle voulait crier, lui demander pourquoi il ne pouvait pas simplement lui dire ce qui se passait, mais ses mots restaient coincés dans sa gorge, étouffés par l'émotion.

"Jacques, s'il te plaît", supplia-t-elle, les larmes montant à ses yeux. "Dis-moi ce qui ne va pas. Dis-moi ce que je peux faire pour arranger les choses."

Il y eut un silence de nouveau, un silence lourd de sens qui semblait peser sur eux comme un fardeau insupportable. Puis, enfin, Jacques parla, ses mots emplis d'une détresse palpable.

"Je ne sais pas, Claire", avoua-t-il. "Je me sens perdu, comme si je ne savais plus qui je suis ni où je vais. Je veux te dire ce que je ressens, mais les mots me manquent, comme s'ils étaient prisonniers à l'intérieur de moi-même."

Claire sentit une vague de compassion l'envahir, réalisant soudainement à quel point Jacques devait souffrir en silence. Elle voulait le serrer dans ses bras, lui dire qu'ils traverseraient cette épreuve ensemble, mais elle savait que ce n'était pas si simple.

"Jacques, je suis là pour toi", dit-elle doucement, la voix tremblante d'émotion. "Peu importe ce qui se passe, nous trouverons un moyen de surmonter cela ensemble. Tu n'es pas seul, Jacques. Je suis là."

Il y eut un silence de nouveau, un silence qui semblait remplir l'espace entre eux d'une étrange intimité. Puis, enfin, Jacques parla, ses mots emplis d'une gratitude sincère.

"Merci, Claire", dit-il doucement. "Merci d'être là pour moi, même quand les mots nous échappent. Je t'aime, Claire. Je t'aime plus que tout au monde."

Et alors, dans ce moment de vérité partagée, Claire sentit le poids du silence se dissiper, laissant place à une lueur d'espoir dans l'obscurité de la nuit. Car même si les mots pouvaient parfois échouer à exprimer ce que l'on ressent, l'amour lui, pouvait transcender toutes les barrières, illuminant le chemin vers un avenir où le silence n'aurait plus jamais sa place.

He Didn't Say

In a small house nestled on the edge of the cliff, the wind blew forcefully, making the shutters clap against the windows. Inside, a woman sat alone at a table, staring anxiously at the phone.

Her name was Claire, a troubled soul burdened by the weight of the silence that had enveloped her life for too long. She had spent hours waiting, desperately hoping to hear his voice, but the phone remained strangely silent.

Claire and Jacques had met years ago, in a smoky café on the corner of a bustling street. She still remembered the shiver that ran down her spine when she first met his gaze, as if she had known from that moment that her life was about to change forever.

They had fallen in love quickly, swept away by a fiery passion that seemed to burn brighter with each passing day. They had shared moments of intense happiness, precious memories engraved in the marble of their hearts.

But something had changed over the years, an insidious distance that had crept between them, slowly but inexorably separating them. Claire still remembered the first signs of Jacques' silence, the unspoken words that hung in the air like invisible ghosts.

She had tried to talk to him, to ask him what was wrong, but her words seemed to get lost in the void, stifled by the oppressive weight of incomprehension. And so, she had ended up falling silent herself, burying her own feelings deep within her heart, in the naive hope that things would eventually sort themselves out.

But that evening, something had changed. Claire felt that the silence had become unbearable, weighing on her like a leaden pall. She knew she had to break this silence, that she could no longer bear the absence of answers.

She picked up the phone with trembling hands, dialing Jacques' number with palpable hesitation. Each ring seemed to last an eternity, amplifying her anxiety with each passing moment.

And then, finally, he answered. Jacques' voice echoed in the receiver, but something in his tone left Claire shivering with apprehension. He didn't say anything, just a heavy silence that seemed to fill the space between them.

"Jacques," she finally said, her voice trembling with fear and uncertainty. "What's going on? Why this silence?"

There was a moment of silence on the other end of the line, a silence that seemed to last an eternity. Then, finally, Jacques' voice came through the receiver, breaking the silence with unexpected force.

"I'm sorry, Claire," he said softly, his words filled with deep sadness. "I didn't mean to hurt you, but I don't know how to tell you what I'm feeling."

Claire felt her heart tighten in her chest, the pain of his words piercing her soul like a sharp blade. She wanted to scream, to ask him why he couldn't just tell her what was wrong, but her words remained stuck in her throat, stifled by emotion.

"Jacques, please," she pleaded, tears welling up in her eyes. "Tell me what's wrong. Tell me what I can do to make things right."

There was silence again, a heavy silence that seemed to weigh on them like an unbearable burden. Then, finally, Jacques spoke, his words filled with palpable distress.

"I don't know, Claire," he confessed. "I feel lost, as if I don't know who I am or where I'm going. I want to tell you what I'm feeling, but the words elude me, as if they're trapped inside myself."

Claire felt a wave of compassion wash over her, suddenly realizing how much Jacques must be suffering in silence. She wanted to hold him in her arms, to tell him that they would get through this together, but she knew it wasn't that simple.

"Jacques, I'm here for you," she said softly, her voice trembling with emotion. "No matter what happens, we will find a way to overcome this together. You're not alone, Jacques. I'm here."

There was silence again, a silence that seemed to fill the space between them with a strange intimacy. Then, finally, Jacques spoke, his words filled with sincere gratitude.

"Thank you, Claire," he said softly. "Thank you for being there for me, even when words fail us. I love you, Claire. I love you more than anything in the world."

And then, in that moment of shared truth, Claire felt the weight of the silence dissipate, giving way to a glimmer of hope in the darkness of the night. For even if words could sometimes fail to express what one feels, love could transcend all barriers, lighting the way to a future where silence would never again have its place.

Souviens-toi de moi

Au cœur de la ville, entre les ruelles étroites et les bâtiments de pierre séculaires, se trouvait une petite librairie au charme suranné. À l'intérieur, parmi les étagères chargées de livres poussiéreux, se tenait un homme âgé, le regard perdu dans les souvenirs du passé.

Son nom était Étienne, un libraire solitaire qui avait passé sa vie à collectionner des histoires et des anecdotes entre les pages jaunies de vieux livres. Il aimait parcourir les rayons de sa boutique, se remémorant les visages des clients qui avaient franchi sa porte au fil des ans.

Mais le temps avait passé, emportant avec lui les souvenirs précieux de sa jeunesse. Aujourd'hui, Étienne se sentait seul, oublié de tous, perdu dans les méandres de sa propre mémoire.

Pourtant, il y avait une chose qu'il ne pouvait oublier, une image gravée dans sa mémoire comme une étoile dans le ciel nocturne. C'était le visage d'une jeune femme, aux yeux aussi bleus que l'océan, qui avait autrefois enflammé son cœur de passion et de désir.

Son nom était Sophie, un amour de jeunesse qui avait illuminé sa vie de sa présence radieuse. Ils s'étaient rencontrés alors qu'ils étaient encore des adolescents, se découvrant l'un l'autre au fil des longues heures passées à flâner dans les rues pavées de la ville.

Ils avaient partagé des moments de bonheur intense, des rires et des larmes mêlés dans un tourbillon d'émotions. Mais leur amour avait été mis à l'épreuve par les épreuves de la vie, les chemins divergents qu'ils avaient fini par emprunter, les séparant irrémédiablement l'un de l'autre.

Et puis un jour, Sophie était partie, laissant Étienne seul avec ses souvenirs et ses regrets. Il n'avait jamais cessé de penser à elle, de se demander ce qu'elle était devenue, si elle se souvenait encore de lui après toutes ces années.

Et maintenant, alors qu'il était assis seul dans sa librairie, Étienne se demandait si un jour il aurait l'occasion de la revoir, de lui dire combien elle avait compté pour lui, même après tout ce temps.

C'est alors qu'une brise légère souffla à travers la fenêtre ouverte, apportant avec elle une sensation familière de nostalgie. Étienne leva les yeux, surpris de voir une jeune femme se tenir devant lui, un sourire timide aux lèvres.

"Bonjour, monsieur", dit-elle doucement. "Je suis désolée de vous déranger, mais je cherchais une librairie et je me demandais si vous pourriez m'aider."

Étienne la regarda avec étonnement, incapable de détacher ses yeux de son visage familier. Il sentit son cœur bondir dans sa poitrine, une lueur d'espoir s'allumant dans ses yeux fatigués.

"Bonjour, mademoiselle", répondit-il enfin, sa voix tremblant d'émotion. "Bien sûr, je serais ravi de vous aider. Que cherchez-vous ?"

La jeune femme lui sourit, ses yeux brillant d'une lueur familière. "Je cherche un livre, un livre que ma mère adorait quand elle était jeune. Elle m'a parlé de cette librairie, de ce vieil homme qui connaissait tous les livres du monde. Je me demandais si vous auriez quelque chose qui pourrait m'intéresser."

Étienne sentit son cœur se serrer dans sa poitrine, réalisant soudainement que cette jeune femme était plus qu'une simple cliente. C'était un lien avec son passé, un rappel de l'amour qu'il avait perdu depuis si longtemps. "Quel est le titre du livre ?" demanda-t-il, essayant de cacher l'émotion qui menaçait de le submerger.

La jeune femme lui donna le titre, et Étienne se leva précipitamment, se dirigeant vers une étagère poussiéreuse au fond de la boutique. Il fouilla parmi les livres, cherchant frénétiquement le roman qui avait tant compté pour sa bien-aimée.

Et puis, soudain, il le trouva, caché sous une pile de vieux journaux et de magazines oubliés. Il le sortit avec précaution, le tenant dans ses mains tremblantes comme s'il tenait un trésor précieux.

"Le voici", dit-il doucement, tendant le livre à la jeune femme. "Je l'ai trouvé pour vous."

Elle prit le livre avec un sourire reconnaissant, ses yeux brillant d'une émotion palpable. "Merci beaucoup, monsieur. Ma mère sera si heureuse de le retrouver."

Étienne regarda la jeune femme s'éloigner, une lueur d'espoir brillant dans son cœur fatigué. Peut-être que, même après toutes ces années, il y avait encore une chance pour qu'il puisse retrouver Sophie, pour qu'il puisse enfin lui dire combien elle avait compté pour lui, même après tout ce temps.

In the heart of the city, amidst narrow alleyways and centuries-old stone buildings, stood a quaint bookstore with old-world charm. Inside, among shelves laden with dusty books, stood an elderly man, his gaze lost in memories of the past.

His name was Étienne, a solitary bookseller who had spent his life collecting stories and anecdotes between the yellowed pages of old books. He loved to wander through the aisles of his shop, reminiscing about the faces of the customers who had crossed his threshold over the years.

But time had passed, taking with it the precious memories of his youth. Today, Étienne felt alone, forgotten by all, lost in the labyrinth of his own memory.

Yet there was one thing he could not forget, an image etched in his mind like a star in the night sky. It was the face of a young woman, with eyes as blue as the ocean, who had once set his heart ablaze with passion and desire.

Her name was Sophie, a youthful love who had illuminated his life with her radiant presence. They had met when they were still teenagers, discovering each other as they spent long hours wandering the city's cobblestone streets.

They had shared moments of intense happiness, laughter and tears mingled in a whirlwind of emotions. But their love had been tested by life's trials, by the diverging paths they had eventually taken, inexorably separating them from each other.

And then one day, Sophie had left, leaving Étienne alone with his memories and regrets. He had never stopped thinking about her, wondering what had become of her, if she still remembered him after all these years.

And now, as he sat alone in his bookstore, Étienne wondered if he would ever have the chance to see her again, to tell her how much she had meant to him, even after all this time.

Suddenly, a gentle breeze blew through the open window, bringing with it a familiar sensation of nostalgia. Étienne looked up, surprised to see a young woman standing before him, a shy smile on her lips.

"Hello, sir," she said softly. "I'm sorry to disturb you, but I was looking for a bookstore and I wondered if you could help me."

Étienne looked at her with astonishment, unable to tear his eyes away from her familiar face. He felt his heart leap in his chest, a glimmer of hope lighting up his tired eyes.

"Hello, Miss," he finally replied, his voice trembling with emotion. "Of course, I would be happy to help you. What are you looking for?"

The young woman smiled at him, her eyes shining with a familiar light. "I'm looking for a book, a book that my mother loved when she was young. She told me about this bookstore, about this old man who knew every book in the world. I was wondering if you might have something that would interest me."

Étienne felt his heart tighten in his chest, suddenly realizing that this young woman was more than just a customer. She was a link to his past, a reminder of the love he had lost so long ago.

"What is the title of the book?" he asked, trying to hide the emotion that threatened to overwhelm him.

The young woman gave him the title, and Étienne hurriedly got up, heading towards a dusty shelf at the back of the shop. He rummaged through the books, frantically searching for the novel that had meant so much to his beloved.

And then, suddenly, he found it, hidden under a pile of old newspapers and forgotten magazines. He pulled it out carefully, holding it in his trembling hands as if he were holding a precious treasure.

"Here it is," he said softly, handing the book to the young woman. "I found it for you."

She took the book with a grateful smile, her eyes shining with palpable emotion. "Thank you so much, sir. My mother will be so happy to have it back."

Étienne watched the young woman walk away, a glimmer of hope shining in his tired heart. Perhaps, even after all these years, there was still a chance for him to find Sophie, to finally tell her how much she had meant to him, even after all this time.

Les Nuances de l'Amour

Au cœur de la Nouvelle-Orléans, dans un bar enfumé où la musique résonnait comme un écho des temps anciens, se trouvait un homme au charisme magnétique. Il s'appelait Louis, un chanteur de blues au regard envoûtant et à la voix envoûtante.

Chaque soir, il montait sur scène, sa guitare entre les mains, et captivait le public avec ses ballades envoûtantes et ses histoires d'amour tourmentées. Il avait l'art de raconter les péripéties de la vie avec une intensité qui faisait vibrer les cœurs et remuait les âmes.

Mais derrière le masque de séducteur se cachait un homme tourmenté par les tourments de l'amour. Il avait aimé et perdu plus d'une fois, laissant derrière lui un sillage de cœurs brisés et de souvenirs douloureux. Pourtant, il y avait une histoire qu'il ne pouvait oublier, une histoire qui hantait ses rêves et troublait son esprit depuis des années. C'était l'histoire d'une femme, une femme aux cheveux de jais et aux yeux comme des étoiles, qui avait capturé son cœur comme aucun autre.

Son nom était Marie, une beauté envoûtante qui avait fait chavirer son cœur dès le moment où il l'avait vue pour la première fois. Ils s'étaient rencontrés dans ce même bar, il y avait de cela des années, et depuis lors, elle avait été l'inspiration de toutes ses chansons et le fantôme qui hantait ses nuits solitaires.

Mais Marie était partie, laissant Louis seul avec ses souvenirs et ses regrets. Il avait essayé de l'oublier, de noyer sa peine dans l'alcool et les plaisirs fugaces, mais rien ne pouvait éteindre la flamme de son amour pour elle.

Et maintenant, alors qu'il se tenait sur scène, sa guitare entre les mains, il sentait son cœur se serrer dans sa poitrine en pensant à elle. Il savait qu'elle était quelque part là-bas, dans la foule, écoutant ses mots empreints de passion et de désir.

Alors, d'une voix rauque et chargée d'émotion, il commença à chanter, laissant les paroles couler de ses lèvres comme un torrent d'émotion. Il parlait de l'amour perdu, de la douleur de la séparation, mais aussi de l'espoir d'un nouveau départ, d'une seconde chance de retrouver ce qui avait été perdu.

Et alors qu'il chantait, Louis sentit une présence familière dans la foule, une présence qui lui fit battre le cœur plus fort. Il leva les yeux et vit Marie se tenir là, ses yeux brillant d'une lueur familière, son sourire éclatant comme le soleil du matin.

Leurs regards se croisèrent, et dans cet instant magique, le temps sembla suspendre son vol. Ils se regardèrent, s'efforçant de comprendre les sentiments qui brûlaient dans leurs cœurs depuis si longtemps.

Puis, lentement, Marie s'approcha de la scène, ses yeux ne quittant pas les siens. Louis descendit de scène, sa guitare toujours entre les mains, et se dirigea vers elle d'un pas décidé. Il prit sa main dans la sienne, sentant la chaleur de sa peau contre la sienne, comme un feu qui brûlait dans l'obscurité de la nuit.

"Marie", murmura-t-il doucement, le cœur battant à tout rompre. "Je ne t'ai jamais oubliée. Tu as toujours été dans mes pensées, dans mes rêves, dans mon cœur. Je t'aime, Marie. Je t'ai aimée depuis le premier jour où je t'ai vue, et je t'aimerai pour l'éternité."

Les larmes montèrent aux yeux de Marie, ses lèvres tremblant d'émotion. Elle posa sa main sur sa joue, caressant sa peau avec tendresse.

"Louis", dit-elle doucement, sa voix pleine de promesses et d'espoir. "Je t'aime aussi, Louis. Je n'ai jamais cessé de t'aimer, même lorsque j'étais loin de toi. Ensemble, nous pouvons surmonter tous les obstacles, tous les tourments de la vie. Je suis là, Louis. Je serai toujours là."

Et alors, dans cet instant magique, Louis sentit le poids de toutes ses années de solitude se dissiper, laissant place à un sentiment de plénitude et de bonheur qui lui remplissait le cœur. Car il savait, au fond de son âme, que Marie était son âme sœur, son amour éternel, et que rien ni personne ne pourrait jamais les séparer à nouveau.

The Shades of Love

In the heart of New Orleans, in a smoky bar where the music resonated like an echo from ancient times, stood a man with magnetic charisma. His name was Louis, a blues singer with captivating eyes and an enchanting voice.

Every night, he took to the stage, his guitar in hand, captivating the audience with his haunting ballads and tales of tormented love. He had a way of recounting life's trials with an intensity that stirred hearts and stirred souls.

But behind the mask of a seducer lay a man tormented by the trials of love. He had loved and lost more than once, leaving behind a trail of broken hearts and painful memories.

Yet there was one story he could not forget, a story that haunted his dreams and troubled his mind for years. It was the story of a woman, a woman with jet-black hair and eyes like stars, who had captured his heart like no other.

Her name was Marie, an enchanting beauty who had swept him off his feet from the moment he first laid eyes on her. They had met in the same bar, years ago, and since then, she had been the inspiration for all his songs and the ghost that haunted his lonely nights.

But Marie had left, leaving Louis alone with his memories and regrets. He had tried to forget her, to drown his sorrow in alcohol and fleeting pleasures, but nothing could extinguish the flame of his love for her.

And now, as he stood on stage, his guitar in hand, he felt his heart tighten in his chest at the thought of her. He knew she was somewhere out there, in the crowd, listening to his words filled with passion and desire.

So, with a hoarse voice laden with emotion, he began to sing, letting the lyrics flow from his lips like a torrent of emotion. He spoke of lost love, of the pain of separation, but also of the hope for a new beginning, for a second chance to reclaim what had been lost.

And as he sang, Louis felt a familiar presence in the crowd, a presence that made his heart beat faster. He looked up and saw Marie standing there, her eyes shining with a familiar light, her smile radiant like the morning sun.

Their eyes met, and in that magical moment, time seemed to stand still. They looked at each other, trying to understand the feelings that had burned in their hearts for so long.

Then, slowly, Marie approached the stage, her eyes never leaving his. Louis stepped down from the stage, his guitar still in hand, and walked towards her with determination. He took her hand in his, feeling the warmth of her skin against his, like a fire burning in the darkness of the night.

"Marie," he murmured softly, his heart pounding in his chest. "I've never forgotten you. You've always been in my thoughts, in my dreams, in my heart. I love you, Marie. I've loved you since the first day I saw you, and I'll love you for eternity."

Tears welled up in Marie's eyes, her lips trembling with emotion. She placed her hand on his cheek, caressing his skin tenderly.

"Louis," she said softly, her voice full of promises and hope. "I love you too, Louis. I've never stopped loving you, even when I was far away from you. Together, we can overcome all obstacles, all the trials of life. I'm here, Louis. I'll always be here."

And then, in that magical moment, Louis felt the weight of all his years of solitude dissipate, giving way to a feeling of fulfillment and happiness that filled his heart. For he knew, deep in his soul, that Marie was his soulmate, his eternal love, and that nothing and no one could ever separate them again.

Le Professeur Allard et le Nouveau Toit

Il faisait chaud, un de ces étés étouffants où l'air semblait épais et lourd comme une couverture de plomb. Le Professeur Allard, un homme au visage buriné par le soleil et aux cheveux grisonnants, observait le ciel sans nuages depuis la terrasse de sa maison de campagne. Il avait décidé de passer l'été dans ce havre de paix après une année chargée à l'université, enseignant la littérature française aux étudiants avide de savoir.

Ce matin-là, alors qu'il sirotait son café noir, le Professeur Allard entendit un bruit étrange venant du toit de sa maison. Il se leva lentement de sa chaise et se dirigea vers l'escalier en colimaçon qui menait au grenier. Avec précaution, il ouvrit la trappe en bois et monta les marches qui craquaient sous son poids.

En atteignant le sommet, il fut accueilli par un spectacle inattendu. Le toit de sa maison était en train de s'effondrer, les tuiles se détachant une à une et tombant dans un fracas assourdissant sur le sol en contrebas. Le Professeur Allard sentit son cœur se serrer dans sa poitrine à la vue de ce désastre imminent.

Sans perdre un instant, il descendit précipitamment de l'escalier et se précipita à l'extérieur pour évaluer les dégâts. Il réalisa rapidement qu'il aurait besoin d'aide pour réparer le toit, mais il se trouvait dans une région isolée où les artisans étaient rares et les ressources limitées.

C'est alors qu'il se souvint d'un vieil ami, un menuisier nommé Henri, qui vivait non loin de là. Sans plus tarder, il prit son téléphone portable et composa le numéro de son ami, priant pour qu'il puisse lui venir en aide en cette période de crise.

"Allo ?" dit une voix rauque à l'autre bout du fil.

"C'est moi, Allard," répondit le Professeur Allard d'une voix pressée. "J'ai besoin de ton aide. Mon toit s'est effondré et j'ai besoin de quelqu'un pour le réparer."

Il y eut un silence de l'autre côté de la ligne, puis la voix d'Henri reprit, empreinte d'un mélange de surprise et d'inquiétude.

"Je suis désolé, Allard," dit-il finalement. "Je suis en plein milieu d'un gros projet en ce moment et je ne peux pas me permettre de m'absenter. Mais je connais quelqu'un qui pourrait vous aider. Son nom est François, un jeune charpentier talentueux qui a récemment déménagé dans la région. Je vais lui parler de votre problème et lui demander de venir vous voir dès que possible."

Le Professeur Allard soupira de soulagement. "Merci, Henri," dit-il avec gratitude. "Je vous en suis vraiment reconnaissant."

Quelques heures plus tard, François arriva à la maison du Professeur Allard, ses outils à la main et un sourire chaleureux sur les lèvres. Il était grand et athlétique, avec des yeux pétillants et des mains calleuses qui témoignaient de son métier.

Sans perdre de temps, François inspecta les dégâts et élabora un plan pour réparer le toit. Il expliqua au Professeur Allard qu'il devrait remplacer toutes les tuiles endommagées et renforcer la structure du toit pour éviter qu'un tel incident ne se reproduise à l'avenir.

Le Professeur Allard acquiesça, impressionné par le professionnalisme et la compétence de François. Il se sentait soulagé de savoir qu'il était entre de bonnes mains et qu'il pourrait bientôt retrouver la tranquillité d'esprit qu'il avait perdue depuis l'effondrement du toit.

Les jours passèrent, et petit à petit, le toit de la maison du Professeur Allard commença à reprendre forme. Sous la direction avisée de François, une nouvelle charpente fut installée, les tuiles endommagées furent remplacées et le toit retrouva sa solidité d'antan.

Pendant ce temps, le Professeur Allard et François développèrent une amitié inattendue. Ils passaient des heures à discuter de tout et de rien, partageant des anecdotes sur leur vie et leur travail, découvrant des points communs insoupçonnés malgré leurs différences d'âge et de parcours.

Et alors que le toit de la maison du Professeur Allard reprenait vie sous leurs mains habiles, le Professeur Allard réalisa qu'il avait trouvé bien plus qu'un simple charpentier en François. Il avait trouvé un ami fidèle, un compagnon de confiance sur qui il pouvait toujours compter en cas de besoin.

Finalement, lorsque les travaux furent terminés et que le toit brilla de nouveau sous le soleil éclatant de l'été, le Professeur Allard remercia chaleureusement François pour son aide précieuse.

"Ce fut un plaisir de vous aider, Professeur Allard," dit François avec un sourire. "Et n'oubliez pas, si jamais vous avez besoin de quoi que ce soit à l'avenir, je serai toujours là pour vous."

Le Professeur Allard sourit, reconnaissant pour la chance qu'il avait eu de rencontrer un homme aussi généreux et talentueux que François. Et alors qu'il regardait le ciel azur au-dessus de sa maison, il savait qu'il était prêt à affronter tous les défis que l'avenir lui réservait.

Professor Allard and the New Roof

It was hot, one of those stifling summers where the air seemed thick and heavy like a blanket of lead. Professor Allard, a man with a weather-beaten face and graying hair, gazed at the cloudless sky from the terrace of his country house. He had decided to spend the summer in this haven of peace after a busy year at the university, teaching French literature to eager students.

On that morning, as he sipped his black coffee, Professor Allard heard a strange noise coming from the roof of his house. He rose slowly from his chair and made his way to the spiral staircase leading to the attic. With caution, he opened the wooden trapdoor and climbed the creaking steps. Upon reaching the top, he was greeted by an unexpected sight. The roof of his house was collapsing, the tiles detaching one by one and falling with a deafening crash to the ground below. Professor Allard felt his heart tighten in his chest at the sight of this imminent disaster.

Without wasting a moment, he hurriedly descended the stairs and rushed outside to assess the damage. He quickly realized that he would need help to repair the roof, but he was in an isolated area where artisans were scarce and resources limited.

That's when he remembered an old friend, a carpenter named Henri, who lived nearby. Without further ado, he took out his cell phone and dialed his friend's number, praying that he could come to his aid in this time of crisis.

"Hello?" said a hoarse voice on the other end of the line.

"It's me, Allard," replied Professor Allard in a hurried voice. "I need your help. My roof has collapsed, and I need someone to repair it."

There was silence on the other end of the line, then Henri's voice resumed, a mixture of surprise and concern.

"I'm sorry, Allard," he said finally. "I'm in the middle of a big project right now and can't afford to leave. But I know someone who might be able to help you. His name is François, a talented young carpenter who recently moved to the area. I'll talk to him about your problem and ask him to come see you as soon as possible."

Professor Allard sighed with relief. "Thank you, Henri," he said gratefully. "I really appreciate it."

A few hours later, François arrived at Professor Allard's house, his tools in hand and a warm smile on his lips. He was tall and athletic, with sparkling eyes and calloused hands that testified to his profession.

Without wasting time, François inspected the damage and devised a plan to repair the roof. He explained to Professor Allard that they would need to replace all the damaged tiles and reinforce the roof structure to prevent such an incident from happening again in the future.

Professor Allard nodded, impressed by François's professionalism and skill. He felt relieved to know that he was in good hands and that he would soon regain the peace of mind he had lost since the roof collapsed. The days passed, and slowly but surely, the roof of Professor Allard's house began to take shape again. Under François's wise guidance, a new framework was installed, the damaged tiles were replaced, and the roof regained its former solidity.

Meanwhile, Professor Allard and François developed an unexpected friendship. They spent hours talking about everything and nothing, sharing anecdotes about their lives and work, discovering unsuspected commonalities despite their age and background differences.

And as the roof of Professor Allard's house came back to life under their skilled hands, Professor Allard realized that he had found much more than just a carpenter in François. He had found a faithful friend, a trusted companion he could always count on in times of need.

Finally, when the work was completed and the roof shone again under the blazing summer sun, Professor Allard warmly thanked François for his invaluable help.

"It was a pleasure to help you, Professor Allard," said François with a smile. "And remember, if you ever need anything in the future, I'll always be here for you."
Professor Allard smiled, grateful for the chance to meet such a generous and talented man as François. And as he looked up at the azure sky above his house, he knew that he was ready to face whatever challenges the future held.

www.ingramcontent.com/pod-product-compliance
Lightning Source LLC
Chambersburg PA
CBHW072035150726
47999CB00002B/924